BEI GRIN MACHT SICH IHR WISSEN BEZAHLT

- Wir veröffentlichen Ihre Hausarbeit,
  Bachelor- und Masterarbeit

- Ihr eigenes eBook und Buch -
  weltweit in allen wichtigen Shops

- Verdienen Sie an jedem Verkauf

Jetzt bei www.GRIN.com hochladen und kostenlos publizieren

Bibliografische Information der Deutschen Nationalbibliothek:

Die Deutsche Bibliothek verzeichnet diese Publikation in der Deutschen National-
bibliografie; detaillierte bibliografische Daten sind im Internet über http://dnb.d-
nb.de/ abrufbar.

Impressum:

Copyright © 2015 GRIN Verlag, Open Publishing GmbH
Druck und Bindung: Books on Demand GmbH, Norderstedt Germany
ISBN: 9783668437593

Dieses Buch bei GRIN:

http://www.grin.com/de/e-book/359081/die-subkultur-der-hooligans-entstehungs-
geschichte-antrieb-und-ausgestaltung

Anonym

Die Subkultur der Hooligans. Entstehungsgeschichte, Antrieb und Ausgestaltung

GRIN Verlag

GRIN - Your knowledge has value

Der GRIN Verlag publiziert seit 1998 wissenschaftliche Arbeiten von Studenten, Hochschullehrern und anderen Akademikern als eBook und gedrucktes Buch. Die Verlagswebsite www.grin.com ist die ideale Plattform zur Veröffentlichung von Hausarbeiten, Abschlussarbeiten, wissenschaftlichen Aufsätzen, Dissertationen und Fachbüchern.

Besuchen Sie uns im Internet:

http://www.grin.com/

http://www.facebook.com/grincom

http://www.twitter.com/grin_com

Veranstaltung: Fußball, Gewalt und
Gesellschaft Sommersemester 2015
Justus-Liebig-Universität Gießen
Fachbereich 03 – Institut für Soziologie

Die Subkultur der Hooligans –

Entstehungsgeschichte, Antrieb und Ausgestaltung

24.09.2015

Inhaltsverzeichnis

1 Einleitung

„EM-Qualifikation: Hooligan-Randale in Budapest - auch gegen Flüchtlinge"[1] – so titelte Sport1 am 04.09.2015. Hooligans hatten vor dem Spiel Flüchtlinge attackiert, mehrere Autos beschädigt und Polizeibeamte angegriffen. Erst im letzten Jahr war die Hooligan-Szene durch die HoGeSa-Krawalle in Köln wieder verstärkt in den Fokus der Medien gerückt.[2] Dabei sind Hooligans hier in Deutschland sogar ein eher kleines Problem, verglichen mit den weltweiten Vorfällen, die sich beispielsweise in Argentinien, Polen oder der Türkei abspielen.[3]

Doch wer sind diese Hooligans? Diese randalierende, gewaltsuchende Gruppe, die immer wieder mit negativen Schlagzeilen und schockierenden Bildern in den Medien auftaucht? Diese Frage war die Motivation für mich, in meiner Hausarbeit die Subkultur der Hooligans (in Deutschland) näher zu untersuchen. Ich wollte wissen, was sie antreibt, die Gewalt zu suchen, wer die Menschen dahinter sind, die sich Woche für Woche auf die Suche nach Auseinandersetzungen mit anderen gewaltbereiten Fans oder der Polizei begeben. Sind alle diese Menschen ungebildete Arbeitslose mit rechten Einstellungen, die aus Frust auf andere einschlagen wollen? Oder zeichnet sich nicht vielleicht doch ein heterogeneres Bild, wenn man näher hinter die Fassade schaut?

Auf diese Fragen ausgerichtet ist die Hausarbeit wie folgt aufgebaut: Zunächst wird die Entstehungsgeschichte der Hooligans in den 60er bis 80er Jahren betrachtet. Diese darf bei der Betrachtung der Subkultur nicht vergessen werden, da sich daraus die aktuelle Hooligankultur besser verstehen lässt. Außerdem werden bereits einige Erklärungsansätze geliefert, warum sich diese Subkultur gebildet hat. Daraufhin soll in Kapitel 3 das Verhältnis der Hooligans zu Gewalt betrachtet werden: Welche Formen nimmt die Gewalt der Hooligans an und was treibt sie zu diesen Handlungen? Wie wird die Gewalt gerechtfertigt? Anschließend folgt in Kapitel 4 die eigentliche Betrachtung der Ausgestaltung der deutschen Hooligankultur. Dabei wird vor allem auf den sozioökonomischen Hintergrund der Hooligans eingegangen, aber auch Altersstrukturen, Organisationsstrukturen, Einstellungen und Interessen der Hooligans werden betrachtet. Zum Abschluss möchte ich in einem kurzen Fazit die gesammelten Erkenntnisse zusammenfassen und die oben gestellten Fragen abschließend beantworten.

---

[1] Sport1 (2015), Online.
[2] Vgl. Spiegel Online (2014), Online.
[3] Vgl. Dunning (2002), S. 1143.

Ein Problem bei dieser Hausarbeit war, dass fast alle Quellen, die zur Verfügung standen, älter als 10 Jahre waren. Es ist also möglich, dass sich in der Subkultur der Hooligans, die sich natürlich ständig in Veränderung befindet, mittlerweile etwas andere Verhältnisse erkennen lassen. Insgesamt sollte die Betrachtung der Hooligans, wie sie hier durchgeführt wird, jedoch nicht besonders stark von den aktuellen Verhältnissen abweichen, da sich große Veränderungen in Subkulturen über einen längeren Zeitraum entwickeln.

2 Entstehung

Um die aktuellen Strukturen der Hooligan-Subkultur besser zu verstehen ist es wichtig, dass auch die Entstehungsgeschichte betrachtet wird. Dabei wird auch darauf geachtet, welche Faktoren die Entstehung begünstigt haben.

Die Ursprünge der Entwicklung der Hooligans sind Mitte der 60er Jahre in Großbritannien zu suchen. Damals stieg die Gewalt unter den Zuschauern bei Fußballspielen an, die Ursache dafür ist in der Zunahme von jungen Männern im Stadion zu suchen, da diese es sich durch den wirtschaftlichen Aufschwung Großbritanniens leisten konnten, ins Stadion zu gehen und die Vereine bei Auswärtsspielen zu begleiten.[4] Nach Meier boten Fußballspiele dabei einen idealen Rahmen zur Entstehung von Gewalt: Zum einen trafen in den Stadien bedingt durch das Klientel viele Personen zusammen, die ähnlich niedrige Hemmschwellen in Bezug auf Gewalt hatten (junge Männer der Arbeiterklasse). Wenn diese sich dann zu Gruppen zusammenschließen, sinkt die Hemmschwelle noch weiter. Zum anderen traf man bei den Spielen immer auch auf gegnerische, ebenso gewaltbereite Gruppen.[5] Außerdem ist Fußball selbst körperbetont und aggressiv und sorgt dafür, dass historische und regionale Rivalitäten ausgelebt werden können – dies liefert eine gute Grundlage für gewalttätige Auseinandersetzungen.[6]

In den 70er Jahren drängte die Skinhead-Bewegung in die Stadien: Sie suchte eine Plattform, um ihre rechten Parolen darbieten zu können. Die gewaltbereiten Fans übernahmen in dieser Zeit viele der Parolen und Gesänge der Skinheads – diese waren allerdings dann nicht mehr politisch gemeint, sondern man wollte lediglich den Gegner provozieren. Einer weiteren Zunahme der Gewalt in Stadien zu dieser Zeit folgte eine größere mediale Aufmerksamkeit[7] – damals wurde in Großbritannien auch begonnen, den

---

[4] Vgl. König (2002), S. 70.
[5] Vgl. Meier (2001), S. 82.
[6] Vgl. ebd., S. 45.
[7] Vgl. König (2002), S. 71f.

Begriff „Hooligans"[8] für "Personen, die im Umfeld von Fußballspielen und Ereignissen durch gewalttätige Aktionen gegen Personen und Sachen auffallen"[9], zu benutzen. Diese negativ konnotierte Bezeichnung wurde zunächst von den Medien verwendet, von den Hooligans dann aber auch als Teil der eigenen Identität aufgenommen. Man wollte sich abgrenzen, man wollte Hooligan sein, man wollte negativ gesehen werden.[10] So wurde der Begriff schnell zu einer Art Ehrentitel, auf den die Hooligans selbst stolz waren.[11]

In den 80ern – wir befinden uns in der Betrachtung immer noch in Großbritannien – entwickelte sich dann der Typ Hooligan, den die meisten auch heute noch verkörpern: die casuals. Diese trugen sportlich elegante Markenkleidung und grenzten sich so von ihrer Herkunft (in der Regel die Arbeiterklasse) ab. Sie bekannten sich zur Gewalt und schlossen sich zu sogenannten Firms oder Crews zusammen.[12]

In Deutschland entwickelte sich die Hooligan-Szene etwas verzögert im Vergleich zu den britischen Hooligans. Zuschauerausschreitungen – schon seit den 20er Jahren Tradition bei Fußballspielen – wurden in den 70er Jahren deutlicher: Es bildeten sich sogenannte Kuttenfans (benannt nach der Kleidung, die diese trugen), die sich in Fanclubs organisierten und sich Auseinandersetzungen mit den gegnerischen Fans und der Polizei lieferten. Auch in Deutschland drängten zu dieser Zeit vermehrt Skinheads in die Stadien und äußerlich schien es unter den Kuttenfans eine Politisierung nach rechts zu geben, doch auch hier wurden die Äußerungen hauptsächlich zur Provokation genutzt.[13] Die Gewalt der Kuttenfans war jedoch noch sehr fußballzentriert: Man versuchte, sein Revier zu verteidigen und den gegnerischen Fans ihre Vereinskutte abzunehmen.[14]

Anfang bis Mitte der 80er war dann eine Trennung der Fanszene zu erkennen: Hooligans – die ab dieser Zeit auch in Deutschland diesen Namen tragen[15] - grenzten sich von den in ihren Augen asozialen Kuttenfans ab, indem sie teure Kleidung nach Vorbild der britischen casuals trugen. Die Hooligans zeichneten sich von da an durch eine Gewaltzentrierung aus, die Kuttenfans durch eine Fußballzentrierung. Anders als in Großbritannien rekrutierten

---

[8] Die Wortherkunft ist umstritten: Der Begriff Hooligan könnte sich auf eine irische Familie aus dem 19. Jhdt. beziehen, die für ihre Gewalt bekannt war. Andererseits könnte es sich aus dem Banden-Namen „Hooly's gang" entwickelt haben, einer Bande von Kriminellen. Des Weiteren könnte das Wort auch slawischen Ursprungs sein, da es auch im russischen Gebiet schon früh auftauchte. (Vgl. Meier (2001), S. 9.)
[9] Meier (2001), S. 9.
[10] Vgl. König (2002), S. 72.
[11] Vgl. Meier (2001), S. 9.
[12] Vgl. König (2002), S. 72f.
[13] Vgl. ebd., S. 79ff.
[14] Vgl. Schäfer-Vogel (2007), S. 27.
[15] Vorher wurden gewaltbereite Fußballfans in Deutschland *Fußballrowdys* genannt (Vgl. König (2002), S. 69.)

sich die Hooligans in Deutschland schon damals nicht nur aus der Arbeiterklasse, zu der Herkunft aber in Abschnitt 4.1 mehr.[16]

Wie an der bisherigen Beschreibung der Entwicklung in der deutschen und britischen Hooliganszene klar geworden sein dürfte, spitzte sich die Entwicklung der Gewalt international in den 80er Jahren zu, es entwickelte sich sogar eine Art *Randaletourismus*, bei der Hooligans durch das ganze Land und auch darüber hinaus reisten, auf der Suche nach Auseinandersetzungen.[17] Neben vielen weiteren schweren Auseinandersetzungen ergab sich daraus auch eines der zentralsten Ereignisse in der Geschichte des Hooliganismus und eine der schlimmsten Zwischenfälle in der Geschichte des Fußballs: Die Katastrophe im Mai 1985 im Heyselstadion beim Finale des Europapokals der Landesmeister. Damals starben 39 (nicht gewalttätige) italienische Fans in einer Massenpanik, die durch Liverpooler Hooligans ausgelöst worden war.[18]

Als Konsequenz aus dieser Katastrophe und generell auf die vielen gewalttätigen Auseinandersetzungen in den 80er Jahren (in Deutschland besonders auch noch nach der Wiedervereinigung) wurde von den Vereinen und der Polizei verstärkt Wert auf schärfere Sicherheitsmaßnahmen gelegt. In England wurden die Stehplätze abgeschafft, die Polizei richtete zentrale Informationsstellen ein, szenekundige Beamte wurden eingesetzt und vermehrt wurden Stadionverbote ausgesprochen – dies sind nur ein paar der Maßnahmen, die ergriffen wurden, um Gewalt aus dem Stadion fernzuhalten.[19] Dies gelang auch in einem sehr guten Maße[20] – unterstützte aber die Entstehung einer Subkultur, da die Hooliganszene aus dem Stadion gedrängt wurde, womit der Fußball- und Spielbezug nahezu komplett verschwand und sich eine reine Gewaltzentrierung entwickelte.[21] Zur Klarheit des Begriffs wird in dieser Hausarbeit eine Subkultur definiert als „eine kulturelle Gesellungsform bzw. einen kulturellen Zusammenhang einer Teilgruppe, der sich von der Gesamtgesellschaft mehr oder weniger abweichend in Lebensstil und Wertvorstellungen verhält."[22]

---

[16] Vgl. König (2002), S. 82f.
[17] Vgl. Schäfer-Vogel (2007), S. 29f.
[18] Vgl. König (2002), S. 74.
[19] Vgl. Schäfer-Vogel (2007), S. 34f.
[20] Nach den Vorfällen um den Tod des Polizisten Nivel änderte die Polizei ihre Taktik. Zuvor war nur versuch worden, die Hooligans so gut wie möglich aus den Stadien fernzuhalten, in der nun folgenden Zeit wurde mehr und mehr versucht, der Gewalt im ganzen Stadtgebiet vorzubeugen und diese zu vermeiden. (Vgl. Schäfer-Vogel (2007), S. 33ff.)
[21] Vgl. König (2002), S. 75ff.
[22] Meier (2001), S. 10.

Wohin sich die Subkultur des Hooliganismus[23] entwickelt hat, wie sie heute aussieht, das soll in den nächsten beiden Kapiteln betrachtet werden.

3 Das Verhältnis zu Gewalt

Das zentrale Merkmal, welches die Hooligans vereint, ist die Bereitschaft zu Gewalt.[24] Es soll nun das Verhältnis der Hooligans zu Gewalt näher untersucht werden, da dieses einen großen Teil der Subkultur ausmacht. Dafür soll zunächst betrachtet werden, welche Formen die Gewalt heutzutage angenommen hat und danach geschaut werden, was die Hooligans antreibt.

3.1 Formen der Gewalt

Bereits in der geschichtlichen Entwicklung konnte gesehen werden, dass sich die Gewalt der Hooligans mehr und mehr vom Fußball gelöst hat. Im Gegensatz zu den früheren gewaltbereiten Fußballfans steht nun die Gewalt im Mittelpunkt, nicht mehr das Fußballspiel. Die Auseinandersetzungen mit anderen Hooligans – die die erklärten Hauptgegner sind - finden zwar immer noch anlässlich von Fußballspielen statt, haben aber abgesehen von der zeitlichen Nähe nicht mehr viel damit zu tun. Hier muss allerdings innerhalb der Subkultur erneut differenziert werden: Insbesondere die älteren Hooligans sind oft doch noch an einen Verein gebunden, diese wollen dann auch das Fußballspiel sehen. Auf der anderen Seite stehen die jüngeren Hooligans, auch Mode-Hooligans genannt. Diese sind nur Teil der Subkultur, um ihre Gewaltwünsche ausleben zu können, der Bezug zum Fußball fehlt ihnen meist vollkommen.[25] Diese bleiben dann den Spielen auch oft komplett fern, wenn keine Auseinandersetzungen zu erwarten sind oder reisen nur für die Schlägereien an, gehen aber nicht mit ins Stadion.[26]

Oft werden diese Auseinandersetzungen schon vor dem Spieltag mit den Hooligan-Gruppen[27] der gegnerischen Mannschaft abgesprochen. Dann wird ein Ort und eine Zeit

---

[23] Eine mögliche Definition legt Meier vor:: "Hooliganisrnus [sic] wird als eine gewalttätige Subkultur verstanden, deren innersubkulturell physisch gewalttätiger Aktionismus auf keiner ideologischen oder theoretischen Grundlage basiert." (Meier (2001), S. 12.)
[24] Die Hooligans werden aufgrund ihrer großen Gewaltbereitschaft in der Fan-Kategorie C der Polizei eingeordnet: Zur Gewalt entschlossene Fans. (Vgl. Schäfer-Vogel (2007), S. 23)
[25] Vgl. Meier (2001), S. 65ff.
[26] Vgl. Schäfer-Vogel (2007), S. 37 und 231.
[27] Eine solche Gruppe besteht an einem Spieltag meistens aus 10-15 Leuten, es kann aber auch vorkommen, dass sich spontan mit anderen, befreundeten Gruppen zusammengeschlossen wird (Vgl. Meier (2001), S. 61.)

vereinbart, mit dem Ziel, der Polizei aus dem Weg zu gehen.[28] Doch auch wenn keine Verabredungen mit anderen Hooligans getroffen werden, so wird in Kneipen schon Tage im Voraus geplant, wie der Spieltag ablaufen soll, wo man lang läuft, was die Stärken und Schwächen der eigenen Truppe sind und vieles mehr.[29]

Der Spieltag selbst hat dann einen fast schon ritualisierten Ablauf: Man reist gemeinsam an und dabei wird schon im Vorfeld viel Alkohol getrunken und randaliert. Vor Ort folgt dann – sowohl vor, als auch nach dem Spiel – die Suche nach Gegnern. Dafür wird durch die Innenstadt gelaufen, in der Hoffnung, auf andere Gruppen zu treffen. Dabei spielt auch die Polizei eine große Rolle: Diese versucht natürlich, die Gewalt schon im Vorfeld zu unterbinden und so entsteht an vielen Spieltagen ein Versteckspiel mit der Polizei.[30] Da die Taktiken der Polizei mittlerweile sehr gut ausgereift sind, gelingt es ihr häufig, Auseinandersetzungen zwischen Hooligans zu vermeiden – sie muss dann aber oft selbst als Ersatzobjekt herhalten, an dem die Hooligans ihren Mut beweisen wollen.[31]

Abgesehen von gewaltbereiten Fans der anderen Mannschaft (die erklärter Hauptgegner sind) und der Polizei (die mittlerweile faktischer Hauptgegner ist) gibt es teilweise auch noch Angriffe auf Ausländer oder Homosexuelle, diese sind aber eher als Einzelfälle zu sehen und sind nicht der Regelfall. Zu anderen Gruppen oder Subkulturen besteht keine Feindschaft.[32]

Wie wird diese Gewalt von den Hooligans gerechtfertigt? Sie sind nicht der Meinung, etwas Unrechtes zu tun. Man hält die Auseinandersetzungen für moralisch in Ordnung, da die gegnerischen Hooligans einverstanden sind. Gewalt gegenüber der Polizei wird damit begründet, dass man sich lediglich verteidigt, und wenn Unbeteiligte im Zuge der Auseinandersetzungen verletzt werden, dann wird das als deren eigene Schuld angesehen: Sie hätten ja besser aufpassen und sich fernhalten können, wenn Hooligans in der Nähe sind.[33]

Worauf bisher noch nicht eingegangen wurde, ist, wie eine solche Schlägerei dann tatsächlich abläuft, wenn sich zwei Hooligan-Gruppen treffen. Oft sind es nicht die Horror-Szenarien und Massen-Schlägereien, die als Bilder über die Medien vermittelt werden. Nur selten kommt es wirklich zu Auseinandersetzungen, oft rennt man nur auf den Gegner

---

[28] Vgl. Schäfer-Vogel (2007), S. 230.
[29] Vgl. Meier (2001), S. 60f.
[30] Vgl. Schäfer-Vogel (2007), S. 230ff.
[31] Vgl. Brüchert (2002), S. 35.
[32] Vgl. Schäfer-Vogel (2007), S. 421ff.
[33] Vgl. ebd., S. 249.

drauf und dann wieder weg, wenn überhaupt dann prügeln sich nur die ersten Reihen und diese Prügelei dauert höchstens ein paar Minuten, oft auch nur Sekunden.[34] Wenn es zu Auseinandersetzungen kommt, so sind diese heute deutlich brutaler als früher. Schon 2007 konnte Schäfer-Vogel einen vermehrten Einsatz von Waffen in den Kämpfen und damit eine Brutalisierung feststellen.[35] Giurgi schreibt dazu, dass einige Hooligans von Rauschzuständen berichten, die die Gewalt in ihnen hervorruft. Im Nachhinein wird dann mit den ‚Heldentaten' geprahlt.[36]

Dies führt zu dem viel benannten Ehrenkodex der Hooligans. Früher – so einige ältere Hooligans – sei man einem Ehrenkodex gefolgt, der dafür gesorgt habe, dass die Ausschreitungen in einem gewissen Rahmen blieben. Dieser Ehrenkodex enthielt im Wesentlichen die folgenden Punkte: Es werden keine Waffen benutzt, es wird keine Gewalt gegen Unbeteiligte angewandt, es werden nur etwa gleichstarke Gruppen angegriffen, es wird niemand getreten, der schon am Boden liegt und man zeigt niemanden bei der Polizei an. Dass dieser heute nicht mehr gilt ist sicher, wie an vielen Gegenbeispielen – gerade jüngerer Hooligans - belegt werden kann, aber auch dass ein solcher Kodex früher einmal wirklich existiert hat und allgemein anerkannt war, ist zweifelhaft.[37]

3.2 Motivation der Hooligans

Nachdem im letzten Abschnitt betrachtet worden ist, welche Form die gewalttätigen Auseinandersetzungen der Hooligans annehmen, soll nun die Motivation betrachtet werden, mit der diese Schlägereien gesucht werden.

Als Hauptziel der Auseinandersetzungen aus Sicht der Hooligans benennt Ek „das Testen der Geschicklichkeit und der kämpferischen Fähigkeit der Hooligans."[38] Dabei geht es darum, sich mit anderen zu messen, sich im direkten Kampf Mann gegen Mann zu beweisen. Viele wollen darauf möglichst gut vorbereitet sein und machen irgendeine Form von Kampfsport. Dabei geht es aber nicht darum, möglichst viele Opfer seiner Fertigkeiten zu finden, sondern sich mit ebenbürtigen Gegnern zu messen. Manche gehen den Weg

---

[34] Vgl. König (2002), S. 85.
[35] Vgl. Schäfer-Vogel (2007), S. 232.
[36] Vgl. Giurgi (2008), S. 28f.
[37] Vgl. Meier (2001), S. 63f und Giurgi (2008), S. 26f.
[38] Ek (1996), S. 74.

auch andersherum: Sie lernen erst einen Kampfsport, und suchen dann eine Möglichkeit, sich in einem Kampf ohne Regeln zu beweisen.[39]

Diese direkten Auseinandersetzungen kommen jedoch, wie oben schon beschrieben, gar nicht so häufig vor wie gedacht, daher kann nicht nur darin die Motivation für die Hooligans liegen, sich Woche für Woche auf die Suche nach Krawall zu begeben. Ein weiterer wichtiger Punkt, den Schäfer-Vogel anführt, und der vielen Hooligans wahrscheinlich gar nicht bewusst ist, ist deshalb die Bedürfnisbefriedigung der Hooligans nach Spannung, Abenteuer und Risiko. Man will Abenteuer, und man will Aufmerksamkeit durch die Medien.[40] Dies ist auch der Grund, warum viele Hooligans Zeitungsartikel aufbewahren über Auseinandersetzungen, bei denen sie mitgewirkt haben. Es geht ihnen um Ruhm und Ehre - nachher über die Gewaltausschreitungen zu reden ist mindestens genauso wichtig, wie dabei zu sein.[41]

Damit zusammen hängt ein ganz wichtiger Punkt, wenn man die Motivation hinter dem Verhalten der Hooligans verstehen möchte: Die Hooligans wollen ihrem als sinnlos und langweilig empfundenen Alltag entkommen. Auf der Suche nach Sensation und Abenteuer landet man bei den Hooligans, deren Auseinandersetzungen eine Selbstbestätigung für jeden Teilnehmer sein können. Dabei geht es natürlich um die Bestätigung typischer männlicher Ideale: Körperlichkeit, Stärke und Aggressivität – Werte, die in der Gesellschaft immer mehr verschwinden, in Subkulturen jedoch weiter existieren können.[42] An dieser Stelle ist es auch wichtig anzumerken, dass man, indem man sich in den Krawallen beweist, in der Gruppe aufsteigen und sich Respekt verschaffen kann.[43]

Mit der Suche nach Abenteuer sollte das Vorurteil, dass Hooliganismus nicht mehr ist als eine andere Variante des Boxens, widerlegt sein: Es geht nicht nur um die körperliche Auseinandersetzung, die Atmosphäre, der Kick und das bloße *dabei sein* (da sich ja lange nicht alle prügeln, es geht darum, dass man dazu bereit ist) sind die Dinge, auf die es den meisten Hooligans ankommt.[44] Dabei wird die Suche nach Erlebnissen, Spannung und Abwechslung von der angepassten und normierten Welt für viele zu einer Sucht – viele suchen parallel auch in Extremsportarten den Adrenalinkick.[45]

---

[39] Vgl. Giurgi (2008), S. 25.
[40] Vgl. Schäfer-Vogel (2007), S. 374f.
[41] Vgl. Brüchert (2002), S. 37.
[42] Vgl. Meier (2001), S. 80f.
[43] Vgl. König (2002), S. 111.
[44] Vgl. Giurgi (2008), S. 39.
[45] Vgl. ebd., S. 32f.

4 Die Subkultur der Hooligans

In diesem Kapitel soll die Ausgestaltung der Subkultur der Hooligans näher betrachtet werden. Kann ein Profil der Hooligans gezeichnet werden? Wer ist *der* Hooligan, welche Interessen hat er, als was arbeitet er? Diese Fragen werden im Folgenden beantwortet.

4.1 Zusammensetzung: Alter, Geschlecht & Beruf

Zunächst einmal muss angemerkt werden, dass die Berichte über die Zusammensetzung der Hooligan-Subkultur in Bezug auf Schichtzugehörigkeit, Alter und Beruf recht weit auseinander gehen. Dies lässt sich bereits als Zeichen dafür sehen, dass die Subkultur sehr heterogen ist, was den sozioökonomischen Hintergrund anbelangt. So stammen die Mitglieder der Hooligan-Szene nach Giurgi aus allen Schichten, die aktivsten jedoch aus der Mittel- und Oberschicht.[46] Dies ist damit zu erklären, dass es teuer ist, Hooligan zu sein: Jedes Wochenende die Spiele der eigenen Mannschaft zu besuchen erfordert ein geregeltes Einkommen, die meisten Hooligans haben daher einen Schulabschluss. Außerdem muss die exklusive und teure Kleidung bezahlt werden. Dadurch führen viele Hooligans eine Art Doppelleben: Sie haben eine bürgerliche Identität, wenn sie im Büro sitzen oder bei ihrer Familie sind, und eine jugendkulturelle Hooligan-Identität, an den Wochenenden beim Fußballspiel.[47] In der Subkultur wird also das typische Bild der Medien, dass Hooligans nur Arbeitslose und Modernisierungsverlierer sind, nicht bestätigt. Auch das Vorurteil, dass die meisten als ,Problemkinder' unserer Gesellschaft zu sehen sind, ist widerlegt: Die meisten sind ganz normale Leistungsträger unserer Gesellschaft. Natürlich gibt es auch Hooligans, auf die das typische Bild des ungelernten Arbeiters zutrifft, dies ist aber die Minderheit und kann nicht verallgemeinert werden.[48]

Die Szene besteht hauptsächlich aus jungen Männern, wobei die genauen Altersangaben sich leicht unterscheiden. Insgesamt kann festgehalten werden, dass das Alter der meisten zwischen 16 und 30 Jahren liegt. Anfang des Jahrhunderts begann sich der Altersdurchschnitt zu heben, da viele der jungen, fußballuninteressierten Mode-Hooligans wieder ausstiegen, weil die Polizei es oft schaffte, die Gewalt zu verhindern und die Szene so für sie uninteressant zu machen. Im Alter von 30 Jahren steigen die meisten dann aus,

---

[46] Es sind viele Lehrlinge, Handwerker und Angestellte, aber auch Abiturienten und Studenten dabei. (Vgl. Schäfer-Vogel S. 257ff.)
[47] Vgl. Giurgi (2008), S. 19f.
[48] Vgl. ebd., S. 38ff.

da beispielsweise durch die Familie andere Prioritäten gesetzt werden, oder die Angst vor der drohenden Strafverfolgung zu groß wird.[49]

Frauen tauchen in der Szene kaum auf. Sie sind eher unerwünscht und wenn sie dabei sind, dann werden sie oft auf ihre Weiblichkeit und Sexualität reduziert.[50] Dies ist für Weigelt auch einer der beiden Gründe für die geringe Anzahl an Frauen: Zum einen ist das eben der starke Sexismus, der in der Subkultur der Hooligans herrscht, zum anderen ist es – eng damit zusammenhängend – das Vorherrschen von männlichen Idealen wie Kraft und Kampfstärke, das die Frauen abschreckt.[51]

4.2 Organisation

Eine Gruppe von Hooligans – auch in der deutschen Szene als Firm bezeichnet – umfasst meist etwa 30-50 Mitglieder. Diese sind lose hierarchisch organisiert: Es gibt keine festgeschriebenen Strukturen, aber die älteren, kampferprobten und engagierteren Hooligans haben mehr zu sagen und organisieren die Auseinandersetzungen mit anderen Gruppen, weshalb sich die Anführer auch untereinander gut kennen. Dabei wird meist auch innerhalb der Firms unter einem Decknamen agiert, zum Schutz vor der Polizei.[52]

Dieser Kern von Hooligans, die etwas zu sagen haben, wird oft auch als der *harte Kern* bezeichnet. Die große Mehrheit der Hooligans ist nur Mitläufer bei diesem harten Kern. Der Teil der Mitläufer, der durch Missachtung der (ohnehin fraglichen) Fairness-Regeln, Feigheit und übertriebene Brutalität auffällt, wird vom harten Kern verachtet und *Lutscher* genannt.[53]

4.3 Gemeinschaftsleben

Wie sieht das Gemeinschaftsleben der Hooligans aus? Dazu muss gesagt werden, dass sich bei den meisten Hooligans die Bekanntschaft auf die Spieltage beschränkt: Die einzige gemeinsame Gruppenaktivität neben den Schlägereien ist der starke Alkohol- und Drogenkonsum, der in der Subkultur vorzufinden ist. Nur die älteren Hooligans treffen sich auch ab und zu privat in Kneipen, dann wird meistens von alten Zeiten und erlebten Schlägereien erzählt.[54]

---

[49] Vgl. Schäfer-Vogel (2007), S. 317f.
[50] Vgl. ebd., S. 318f.
[51] Vgl. Weigelt (2004), S. 127.
[52] Vgl. Giurgi (2008), S. 35f.
[53] Vgl. Schäfer-Vogel (2007), S. 328ff.
[54] Vgl. ebd., S. 293f.

Auch wenn sich das Gemeinschaftsleben meistens auf die Spieltage beschränkt, so bietet die Subkultur der Hooligans doch für Jugendliche, die auf der Suche nach einer Identität sind, eine Anlaufstelle, bei der sie für ihr Handeln verhältnismäßig schnell Akzeptanz, Respekt und Anerkennung sowie eine vorgefertigte, auf körperlicher Gewalterfahrung beruhende Identität bekommen können.[55]

4.4 Politische Einstellungen und Werte

Schon aus der Geschichte heraus gibt es in der Hooliganszene ziemlich viele Kontakte zur Skinhead-Szene. Anders als diese sind die Hooligans als Subkultur allerdings unpolitisch, die rechten Parolen sind eher als Provokation gemeint als als politisches Statement. Dennoch kann festgestellt werden, dass viele Mitglieder der Hooligans eher rechte Einstellungen vertreten und ausländerfeindlich agieren – es gibt aber auch Hooligan-Gruppen, die sich eher als Nazi-feindlich verstehen. Worin sich viele Hooligans einig sind, ist eine Politikverdrossenheit mit Ablehnung der aktuellen politischen Verhältnisse.[56]

Dadurch, dass es keine übergeordnete Ideologie gibt, sondern die Hooligans nur vom Wunsch nach Abenteuer und Gewalt getrieben werden, gibt es keine Feindschaften zu anderen Subkulturen – im Gegenteil, man ist anderen Kulturen wie den Skinheads oder Punks sehr offen gegenüber, viele Hooligans sind Teil mehrerer Subkulturen.[57]

Wenn es auch keine gemeinsame Einstellung oder Ideologie gibt, so gibt es doch gemeinsame Werte, die in der Subkultur wichtig sind. Dazu gehören Werte im Kampf wie Aggressivität, Furchtlosigkeit, Härte und Fairness sowie Werte innerhalb der Gruppe wie Solidarität, Treue und Kameradschaft.[58] Fairness sowie die gesamten Werte innerhalb der Gruppe sind eher ‚alte' Werte und besonders dem harten Kern wichtig.[59]

4.5 Sonstige Ausgestaltung der Subkultur: Medien, Kleidung und Sprache

Während Matthesius noch 1992 davon berichtete, dass in der Subkultur der Hooligans sehr viel Böhse Onkelz und Daily Terror gehört wird[60] – Bands, die auch die enge Verbindung

---

[55] Vgl. Giurgi (2008), S. 30f.
[56] Vgl. Schäfer-Vogel (2007), S. 270f.
[57] Vgl. Meier (2001), S. 59f.
[58] Vgl. Giurgi (2008), S. 28f.
[59] Vgl. Schäfer-Vogel (2007), S. 352.
[60] Vgl. Matthesius (1992), S. 171.

zur Skinhead-Szene deutlich machen – berichtet König 2002 schon davon, dass es heute keine eigene Musikkultur mehr gibt und sehr viel jugendlicher Mainstream gehört wird.[61]

Eine Besonderheit der Hooligan-Szene, die an dieser Stelle noch erwähnt sein soll, sind die sogenannten Fanzines: Dabei handelt es sich um Magazine, die von Hooligans für Hooligans herausgegeben werden, in denen über Schlägereien und sonstige szenerelevante Nachrichten berichtet wird.[62]

Die Kleidung, die die Hooligans tragen, ist eher unauffällig, um nicht in das Visier der Polizei zu geraten. Im Gegensatz zur Kleidung anderer Fans ist sie aber, wie schon in der Historie der Hooligans erläutert, eher teuer und exklusiv, um sich abzugrenzen.[63] Diese teure Ausstattung führt oft dazu, dass diese von den finanziell schwächeren Mitgliedern illegal besorgt wird. Oft werden außerdem Waffen getragen – diese sind aber in erster Linie symbolisch gemeint und sollten in einer fairen Auseinandersetzung nicht eingesetzt werden.[64]

Zuletzt soll hier noch auf die szeneeigenen Begriffe eingegangen werden. Oben schon angesprochen wurde die Bezeichnung *Lutscher*, doch es gibt noch einige weitere Begriffe, die szenetypisch sind: Der harte Kern wird als die *Guten* bezeichnet, ein Mitglied der Hooligans ist nach englischem Vorbild ein *lad*, die Polizei ist der *dritte Mob* und die Auseinandersetzungen und Schlägereien werden als *boxen*, *match* oder *Überfall* bezeichnet.[65]

5 Fazit

In dieser Hausarbeit wurde zunächst die Entstehung der Hooligan-Subkultur nachvollzogen. Zu Beginn war in den 60ern, begünstigt durch die aggressive Stimmung und Tradition gewaltsamer Ausschreitungen bei Fußballspielen, ein Anstieg von Gewalttaten zu beobachten, bedingt auch durch das Klientel der Fußballfans: Junge Männer. Nach und nach kam es dann zu Zusammenschlüssen Gleichgesinnter, die auf der Suche nach Gewalt zu den Fußballspielen fuhren. Als diese Ausschreitungen überhandnahmen, wurden die Gewalttäter – mittlerweile unter dem Begriff Hooligans bekannt – von den Vereinen und der Polizei aus dem Stadion gedrängt, was die Entstehung einer gewaltzentrierten Subkultur abseits des Stadions beschleunigte.

---

[61] Vgl. König (2002), S. 86.
[62] Vgl. Schäfer-Vogel (2007), S. 450.
[63] Vgl. Giurgi (2008), S. 20.
[64] Vgl. Schäfer-Vogel (2007), S. 435f.
[65] Vgl. ebd., S. 437.

Da die Gewalt (und keine übergeordnete Ideologie) also das zentrale Element dieser Subkultur darstellt, wurde die Hooligan-Gewalt im Folgenden näher betrachtet: Die Hooligans verabreden sich oft dazu, sich mit Gleichgesinnten zu prügeln. Finden keine solche Verabredungen statt, wird auf der Suche nach gewaltbereiten Gegnern durch die Innenstadt gezogen und randaliert. Dabei liefert man sich meist ein Versteckspiel mit der Polizei, die natürlich versucht, Ausschreitungen schon im Vorfeld zu verhindern. Deshalb wird oft auch die Polizei zum Ersatzgegner der Hooligans.

Die Frage, weshalb die Hooligans die Gewalt suchen, lässt sich hauptsächlich damit beantworten, dass sie dem sinnlosen Alltag entkommen wollen, das Abenteuer suchen und sich mit anderen messen wollen.

Die Hauptfrage der Hausarbeit, wer der typische Hooligan ist, ist damit aber noch nicht ganz beantwortet. Natürlich wurde geklärt, was ein Hooligan macht und woher er seinen Antrieb nimmt, aber viele Fragen zur Ausgestaltung der Subkultur abseits der Gewalt blieben noch offen. Diese wurden in Kapitel 4 betrachtet. Dabei fiel zunächst auf, dass es nicht *den* typischen Hooligan gibt. Hooligans kommen aus den verschiedensten Schichten und die Stereotypen, die oft von den Medien gezeichnet werden, treffen nicht zu. Was aber gesagt werden kann, ist, dass Hooligans oft – aber nicht immer - junge, arbeitende Männer sind, die politisch rechte Weltbilder haben, wenn auch die Subkultur selbst unpolitisch ist. Ein Gemeinschaftsleben findet außerhalb der Gewalt selten statt, höchstens im harten Kern; mit teurer Kleidung will man sich von anderen abgrenzen.

Aktuell ist die Hooligan-Gewalt nicht mehr so sehr im Fokus der Medien und der Menschen in Deutschland. Dies liegt an den guten Erfolgen der Polizei bei den Spielen in der ersten und zweiten Liga. Das Problem der Hooligans ist jedoch nicht verschwunden, sondern lediglich in die unteren Ligen außerhalb unserer Wahrnehmung getreten, da die Polizeipräsenz dort nicht so ausgeprägt ist.[66]

Abschließend kann gesagt werden, dass in dieser Hausarbeit betrachtet wurde, woher die Hooligans kommen und wie die Subkultur heutzutage ausgestaltet ist. Worauf immer wieder nur nebenbei eingegangen werden konnte, sind Erklärungsansätze für den Hooliganismus. Da dieses Thema aber noch genug Stoff für eine weitere Hausarbeit bietet und in Bezug auf den Schwerpunkt dieser Hausarbeit nicht wichtig ist, soll hier der Verweis auf weiterführende Erklärungsansätze zur Entstehung von Hooligans und Zuschauergewalt allgemein bei Ek, Meier, König und Dunning ausreichen.

---

[66] Vgl. Meier (2001), S. 64.

6 Literaturverzeichnis

Monografien, Sammelbände und Zeitschriften:

Brüchert, Oliver: hooligans. Warum die Randale meistens ausbleibt, in: tracts (2002), Nr. 1, S. 26-35.

Dunning, Eric: Gewalt und Sport, in: Heitmeyer, Wilhelm/ Hagan, John (Hrsg.): Internationales Handbuch der Gewaltforschung, Wiesbaden 2002, S. 1130-1152.

Ek, Ralf: Hooligans. Fakten – Hintergründe – Analysen, Worms 1996.

Giurgi, Paulin: Gewalt bei Sportereignissen. Fußball und der Hooliganismus: der Hooligan im Mann, Marburg 2008.

König, Thomas: Fankultur. Eine soziologische Studie am Beispiel des Fußballfans, Münster 2002.

Matthesius, Beate: Anti Sozial Front. Vom Fußballfan zum Hooligan, Opladen 1992.

Meier, Ingo-Felix: Hooliganismus in Deutschland, Berlin 2001.

Schäfer-Vogel, Gundula: Gewalttätige Jugendkulturen – Symptom der Erosion kommunikativer Strukturen, Berlin 2007.

Weigelt, Ina: Die Subkultur der Hooligans. Merkmale, Probleme, Präventionsansätze, Marburg 2004.

Internetquellen:

Spiegel Online: Hooligan-Randale: Rechtsextrem, betrunken und brandgefährlich, 27.10.2014, URL: http://www.spiegel.de/politik/deutschland/hooligans-gegen-salafisten-ausschreitungen-in-koeln-a-999382.html, Stand: 06.09.2015.

Sport 1: Quali-Randale – Auch gegen Flüchtlinge, 04.09.2015, URL: http://www.sport1.de/fussball/em-2016/2015/09/em-qualifikation-hooligans-randalieren-vor-spiel-ungarn-gegen-rumaenien, Stand: 06.09.2015.